# Édito



Vous débutez en cuisine ? Vous êtes pressé par le temps ou disposez de moyens limités ? Vous ne manquerez plus d'idées pour faire face à tous les impératifs et toutes les occasions du quotidien.

Dorian, blogueur culinaire créatif et curieux, a imaginé pour vous 90 recettes d'apéros. Il vous offre dans ce livre ses secrets pour parvenir à l'équation idéale d'une cuisine conviviale vraiment simple, ou comment, avec peu d'ingrédients et aussi peu d'étapes, préparer des recettes variées et originales.

Découvrez ainsi l'essentiel pour élaborer des apéros sur le pouce, pour deux ou entre copains, légers ou dînatoires, privilégiant les produits de saison et révélant de nouvelles associations gourmandes.

Déclinez vos envies avec des recettes qui redonneront du goût à votre cuisine de tous les jours.

*Apéros top chrono*, un indispensable pour que simplicité et saveur soient toujours au rendez-vous !

# Sommaire

BOUCHÉES & ROULÉS 6

TARTES, QUICHES & MINI-PAINS 34

TARTINES & TARTINADES 64

TAPAS & ANTIPASTI 86

CAKES & PETITS GÂTEAUX 112

BROCHETTES, BOULETTES & FARCIS 136

VERRINES 170

ANNEXES 186

LES INDISPENSABLES EN CUISINE

Dorian Nieto

# Apéros
## top chrono

SOLAR

# Involtini de courgettes au chèvre

Pour **4 personnes**
Préparation : **15 min**
Cuisson : **1 min**

120 g de fromage de chèvre – 1 courgette coupée en très fines bandes dans la longueur – 1 échalote hachée très finement – 1 gousse d'ail hachée très finement – 1 cuil. à soupe de ciboulette ciselée – 1 cuil. à soupe de crème fraîche – 1 cuil. à café d'huile – poivre

1 Écrasez le fromage à la fourchette. Mélangez-le avec l'échalote, l'ail, la ciboulette, la crème fraîche, l'huile et le poivre.

2 Faites griller les courgettes sur un gril bien chaud, quelques secondes de chaque côté.

3 Prenez une bande de courgette. Étalez environ 1 cuillerée à café de fromage sur chaque bande de courgette, puis roulez-la en escargot. Recommencez autant de fois que nécessaire.

*Tous les fromages frais conviennent pour ces involtini !*

# Roulés jambon, Vache qui rit® et mâche

Pour **4 personnes**
Préparation : **5 min**

2 wraps – 2 tranches de jambon – 120 g de Vache qui rit® – 40 g de mâche

1 Étalez sur chaque wrap 30 g de Vache qui rit® en couche fine et déposez ensuite 20 g de mâche. Écrasez-la bien sur la Vache qui rit®.

2 Déposez une tranche de jambon sur la mâche et étalez encore 30 g de Vache qui rit®. Renouvelez l'opération avec les ingrédients restants.

3 Roulez en serrant bien et coupez des tranches de 1,5 cm environ.

*N'hésitez pas à utiliser d'autres fromages à tartiner !*

# Roulés au saumon

Pour **4 personnes**
Préparation : **5 min**

4 galettes de sarrasin – 200 g de fromage à tartiner du type St Môret®
1 dizaine de brins de ciboulette émincés finement – 4 grandes tranches fines de saumon – poivre

1 Mélangez la ciboulette au fromage à tartiner et poivrez.

2 Déposez une tranche de saumon sur chaque galette.

3 Tartinez une couche fine de fromage sur le saumon.

4 Roulez en serrant bien et coupez des tranches de 1,5 cm environ.

*Au saumon, à la truite ou au haddock, c'est tout aussi bon !*

# Roulés feta, basilic et tomates séchées

Pour **4 personnes**
Préparation : **5 min**

2 wraps – 180 g de feta – 40 g de tomates séchées
4 tiges de basilic effeuillées – 1 tige d'origan effeuillée – 1 gousse d'ail

1 Mixez ensemble le basilic, l'origan, les tomates séchées et l'ail. Ajoutez la feta et mixez de nouveau.

2 Étalez une moitié du mélange sur chaque wrap.

3 Roulez en serrant bien et coupez des tranches de 1,5 cm environ. Vous pouvez parsemer quelques feuilles de basilic et d'origan sur les wraps.

*Pour une version plus piquante, poivrez très généreusement !*

# Roulés de chorizo, ricotta, roquette et basilic

Pour **4 personnes**
Préparation : **10 min**
Cuisson : **15 min**

250 g de pâte feuilletée – 60 g de chorizo coupé en très fines tranches
60 g de ricotta – 15 g de roquette hachée – 20 feuilles de basilic hachées grossièrement – 1 cuil. à soupe de parmesan râpé – 1 jaune d'œuf
un peu de farine – poivre du moulin

1 Préchauffez le four à 180 °C (th. 6). Sur une plaque farinée, abaissez la pâte finement en un rectangle de 15 par 50 cm environ.

2 Étalez dessus une couche de ricotta. Ajoutez les tranches de chorizo, les feuilles de roquette et de basilic, puis le parmesan râpé, poivrez.

3 Roulez en serrant bien, coupez en tranches de 1 cm environ, puis écrasez-les légèrement de la paume de la main.

4 Posez-les sur une plaque recouverte de papier cuisson. Badigeonnez de jaune d'œuf. Enfournez pour 15 minutes.

Pour plus de douceur, remplacez la roquette par des pousses d'épinard !

# Roulés à la tapenade

Pour **4 personnes**
Préparation : **10 min**
Cuisson : **15 min**
Repos : **1 h**

250 g de pâte feuilletée – 60 g d'olives noires dénoyautées – 10 g d'anchois à l'huile – 5 câpres – ¼ de gousse d'ail – ½ cuil. à soupe d'huile d'olive
1 branche de thym – 1 jaune d'œuf – un peu de farine – poivre du moulin

1 Préchauffez le four à 180 °C (th. 6). Versez dans le bol d'un blender les olives, les anchois, les câpres, l'ail, l'huile d'olive, le thym. Poivrez, puis mixez jusqu'à l'obtention d'une tapenade bien lisse et homogène.

2 Étalez la pâte feuilletée en rectangle sur une épaisseur de 3 à 4 mm, puis garnissez-la d'une fine couche de la tapenade préparée. Roulez l'ensemble et laissez reposer 1 heure au réfrigérateur.

3 Coupez des tranches de 1,5 cm d'épaisseur et posez-les sur une plaque recouverte d'une feuille de papier cuisson légèrement farinée. Aplatissez-les légèrement de la paume de la main.

4 À l'aide d'un pinceau, badigeonnez chaque tranche avec un peu de jaune d'œuf. Enfournez pour 15 minutes.

Tapenade verte ou noire,
à chacun son goût !

# Palmiers à la tomate

Pour **4 à 6 personnes**
Préparation : **5 min**
Cuisson : **15 min**
Repos : **1 h**

250 g de pâte feuilletée – 30 g de tomates séchées – 3 cuil. à soupe de ketchup – quelques gouttes de Tabasco® – 1 jaune d'œuf – sel et poivre

**1** Préchauffez le four à 180 °C (th. 6). Mixez les tomates séchées, ajoutez-y le ketchup, le Tabasco®, le sel et le poivre, mixez à nouveau rapidement.

**2** Abaissez la pâte en un carré de 30 cm de côté. Étalez la préparation mixée sur la pâte de manière régulière.

**3** Roulez chaque côté de la pâte vers le centre jusqu'au milieu. Laissez reposer 1 heure au réfrigérateur.

**4** Coupez des tranches de ½ cm d'épaisseur environ.

**5** Déposez une feuille de papier cuisson sur une plaque de four et disposez les palmiers dessus, badigeonnez-les avec le jaune d'œuf à l'aide d'un pinceau. Enfournez pour 15 minutes.

Palmiers ou roulés,
choisissez votre forme !

# Feuilletés à la saucisse

Pour **4 personnes**
Préparation : **10 min**
Cuisson : **15 min**
Repos : **15 min**

2 saucisses de type Strasbourg ou Francfort – 125 g de pâte feuilletée
1 cuil. à café de graines de pavot – 1 cuil. à café de graines de sésame doré
1 jaune d'œuf – 2 cuil. à café de moutarde

**1** Plongez les saucisses 2 minutes dans l'eau bouillante et laissez-les refroidir.

**2** Étalez la pâte en un rectangle de 30 par 15 cm, coupez-la en deux dans le sens de la longueur. Placez les saucisses sur les bandes de pâtes, badigeonnez-les avec la moutarde, puis roulez et coupez l'éventuel surplus de pâte.

**3** Étalez le jaune d'œuf sur tout le dessus de la pâte à l'aide d'un pinceau. Ajoutez les graines de pavot sur l'une des saucisses feuilletées et les graines de sésame sur la deuxième (ou un mélange des deux selon votre goût).

**4** Placez les deux au réfrigérateur une quinzaine de minutes. Préchauffez le four à 180 °C (th. 6).

**5** Coupez les saucisses feuilletées en tranches de 1,5 cm environ et posez ces tranches sur la plaque du four recouverte d'une feuille de papier cuisson. Enfournez pour 15 minutes. Servez chaud.

N'hésitez pas à varier
le type de saucisses !

# Petits feuilletés aux champignons

Pour **4 personnes**
Préparation : **15 min**
Cuisson : **20 min**

2 rouleaux de pâte feuilletée – 120 g de champignons de Paris coupés en morceaux – 1 oignon nouveau coupé en quatre – 2 tiges de persil
2 cuil. à soupe de béchamel – 10 g de beurre – 1 jaune d'œuf
sel et poivre

1 Préchauffez le four à 180 °C (th. 6). Mixez assez finement l'oignon et le persil. Ajoutez les champignons et mixez plus grossièrement.

2 Faites revenir le contenu du blender avec le beurre, dans une poêle sur feu vif, 3 minutes en remuant régulièrement.

3 Laissez refroidir. Versez dans un bol, salez et poivrez. Mélangez avec la béchamel.

4 Taillez des cercles de pâte avec un bol de 7 cm de diamètre. Posez la moitié des disques sur une plaque recouverte d'une feuille de papier cuisson. Déposez sur chaque pâte 1 cuillerée à café de farce environ.

5 Badigeonnez d'eau le pourtour des disques de pâte à l'aide d'un pinceau. Couvrez avec l'autre moitié des disques. Scellez-les en appuyant sur le pourtour avec le doigt.

6 Badigeonnez de jaune d'œuf mélangé à 1 cuillerée à soupe d'eau. Enfournez pour 20 minutes.

Champignons de Paris
ou champignons sauvages,
à vous de choisir !

# Mini-gougères parmesan-amandes

Pour **4 personnes**
Préparation : **10 min**
Cuisson : **20 min**

150 g de farine tamisée – 4 œufs – 60 g de beurre – 90 g de parmesan râpé finement – 2 cuil. à soupe d'amandes effilées écrasées
1 pincée de sel – poivre

1 Préchauffez le four à 180 °C (th. 6). Dans une casserole, portez à ébullition 24 cl d'eau avec le beurre et le sel.

2 Retirez du feu et versez d'un coup la farine. Mélangez vivement jusqu'à obtenir une pâte qui se décolle des parois. Remettez à feu doux et faites sécher la pâte 1 minute en la remuant bien.

3 Incorporez les œufs un à un en mélangeant très vivement.

4 Ajoutez le parmesan, poivrez et mélangez à la spatule.

5 Formez, à l'aide de deux cuillères, des petits tas de ½ cuillerée à soupe environ sur une plaque recouverte de papier cuisson.

6 Répartissez les amandes sur les gougères. Enfournez pour 20 minutes environ.

*Pour une version plus italienne, remplacez les amandes par des pignons !*

# Mini-gougères gruyère et herbes de Provence

Pour **4 à 6 personnes**
Préparation : **10 min**
Cuisson : **20 min**

150 g de farine tamisée – 4 œufs – 60 g de beurre – 90 g de gruyère râpé
1 cuil. à café d'herbes de Provence séchées – 1 pincée de sel

1 Préchauffez le four à 180 °C (th. 6). Dans une casserole, portez à ébullition 24 cl d'eau avec le beurre et le sel. Retirez du feu et versez d'un coup la farine.

2 Mélangez vivement jusqu'à obtenir une pâte qui se décolle des parois. Remettez à feu doux et faites sécher la pâte 1 minute en la remuant bien.

3 Incorporez les œufs un à un à la pâte, en mélangeant très vivement.

4 Ajoutez le gruyère et les herbes, poivrez et mélangez à la spatule.

5 Formez, à l'aide de deux cuillères, des petits tas de ½ cuillerée à soupe environ sur une plaque couverte de papier cuisson.

6 Déposez éventuellement sur chaque gougère 1 pincée de fromage râpé. Enfournez pour 20 minutes environ.

Pour donner plus de caractère aux gougères, utilisez du comté !

# Makis cornichon, avocat et concombre

Pour **4 personnes**
Préparation : **15 min**
Cuisson : **12 min**

¼ d'avocat coupé en bâtonnets – 4 bâtonnets de concombre de 1 cm d'épaisseur environ – 1 cornichon malossol coupé en bâtonnets (facultatif) 60 g de riz japonais à sushi – 1 cuil. à soupe de vinaigre de riz 1 cuil. à café de sucre – 1 pincée de sel – 1 algue nori – 1 cuil. à café de graines de sésame – ½ cuil. à café de graines de pavot – gingembre au vinaigre et sauce soja pour servir

1 Faites cuire le riz selon les indications portées sur l'emballage.

2 Mélangez dans un bol le vinaigre, le sucre et le sel. Versez le tout sur le riz égoutté et mélangez.

3 Posez un film alimentaire sur un tapis de bambou, parsemez les graines de sésame et de pavot et couvrez d'une couche de riz, de la taille de la feuille d'algue.

4 Placez par-dessus la feuille d'algue, déposez ensuite les bâtonnets d'avocat, de concombre et de cornichon si vous aimez.

5 Roulez le maki en serrant bien. Enlevez le film alimentaire et coupez ensuite le rouleau en 10 tranches.

6 Déposez les makis sur une assiette et servez avec le gingembre et la sauce soja.

Sauce soja salée ou sucrée,
à vous de choisir !

# Makis au saumon

Pour **4 personnes**
Préparation : **15 min**
Cuisson : **12 min**

60 g de riz japonais à sushi – 90 g de saumon coupé en bâtonnets de 1 cm d'épaisseur environ – 1 cuil. à soupe de vinaigre de riz – 1 cuil. à café de sucre – 1 pincée de sel – 1 algue nori – ¼ de cuil. à café de wasabi 1 cuil. à café de graines de sésame – gingembre au vinaigre et sauce soja pour servir

1 Faites cuire le riz selon les indications portées sur l'emballage.

2 Mélangez dans un bol le vinaigre, le sucre et le sel. Versez le tout sur le riz égoutté et mélangez.

3 Posez la feuille d'algue sur un tapis de bambou et couvrez-la d'une couche de riz.

4 Étalez une bande de wasabi. Déposez le saumon par-dessus et roulez le maki en serrant bien.

5 Coupez ensuite le rouleau en 12 tranches.

6 Déposez les makis sur une assiette et parsemez-les de graines de sésame. Servez avec le gingembre et la sauce soja.

*Pour changer, utilisez un pavé de saumon fumé !*

# Tempura de crevettes

Pour **4 personnes**
Préparation : **10 min**
Cuisson : **3 min**

8 gambas décortiquées – 1 jaune d'œuf – 110 g de farine – 30 g de fécule de maïs – huile de friture

1 Préchauffez l'huile de la friteuse à 170 °C.

2 Mélangez le jaune d'œuf avec 20 cl d'eau glacée dans un saladier froid.

3 Ajoutez 100 g de farine et la fécule de maïs et mélangez le tout.

4 Farinez les gambas avec la farine restante et trempez-les dans le mélange à l'œuf.

5 Plongez-les dans la friteuse 3 minutes environ, jusqu'à ce qu'elles soient dorées.

*Le tempura peut se faire aussi avec des légumes !*

# Tartelettes à la tomate

Pour **4 personnes**
Préparation : **20 min**
Cuisson : **15 min**

250 g de pâte feuilletée – 2 tomates coupées en tranches fines
4 cuil. à café de moutarde – 1 cuil. à café d'huile d'olive – poivre
origan ou thym frais (facultatif)

1 Préchauffez le four à 180 °C (th. 6). Déposez les tranches de tomate sur du papier absorbant.

2 Garnissez des moules à tartelette de pâte. Badigeonnez le fond de chaque tartelette de moutarde.

3 Déposez trois tranches de tomate sur la moutarde. Versez un filet d'huile d'olive par-dessus. Poivrez à votre goût.

4 Enfournez pour une quinzaine de minutes. Vous pouvez parsemer dessus quelques feuilles d'origan ou de thym frais.

*Si vous avez des olives,*
*posez-en une sur chaque tartelette !*

# Mini-tartes à l'oignon

Pour **4 personnes**
Préparation : **15 min**
Cuisson : **52 min**

1 pâte brisée – 250 g d'oignons émincés – 10 g de beurre – 1 œuf
7 cl de crème liquide – 16 olives vertes dénoyautées coupées en rondelles
sel et poivre

1 Préchauffez le four à 180 °C (th. 6). Garnissez de pâte des moules ronds de 8 cm de diamètre environ.

2 Faites revenir, dans une sauteuse ou une grande poêle, les oignons avec le beurre pendant 9 minutes à couvert, en remuant de temps en temps, puis 3 minutes à découvert, sans les faire dorer.

3 Laissez-les tiédir et mélangez-les aux olives. Versez le tout dans les moules.

4 Mélangez l'œuf et la crème dans un saladier. Salez et poivrez.

5 Versez sur les oignons aux olives. Enfournez pour 40 minutes.

Oignon ou échalote,
c'est tout aussi bon !

# Tarte soleil

Pour **6 à 8 personnes**
Préparation : **10 min**
Cuisson : **20 min**

2 rouleaux de pâte feuilletée – 3 cuil. à soupe de tapenade – 1 jaune d'œuf

1 Préchauffez le four à 180 °C (th. 6). Étalez la tapenade sur une des pâtes feuilletées en laissant environ 2 cm sur le pourtour.

2 Badigeonnez d'eau la bordure sans tapenade, puis déposez la seconde pâte sur la première. Aplatissez bien les deux pâtes l'une sur l'autre.

3 Coupez 24 rayons sans aller jusqu'au centre, puis torsadez-les délicatement.

4 Badigeonnez les torsades de jaune d'œuf, au pinceau, avec délicatesse. Enfournez pour une vingtaine de minutes.

*Vous pouvez remplacer la tapenade par une purée de tomates séchées !*

# Mini-quiches aux lardons

Pour **4 personnes**
Préparation : **10 min**
Cuisson : **25 min**

2 rouleaux de pâte brisée – 1 œuf – 85 g de crème fraîche épaisse
20 g de gruyère râpé – 50 g de lardons en allumettes – un peu de beurre
un peu de farine

1 Préchauffez le four à 160 °C (th. 5-6). Beurrez et farinez 8 mini-moules à quiches. Garnissez-les de pâte brisée.

2 Mélangez l'œuf, la crème, le gruyère et les lardons dans un saladier.

3 Répartissez le mélange dans les moules et enfournez pour 25 minutes.

*Avec du saumon fumé à la place des lardons, c'est bien aussi !*

# Mini-quiches au chèvre

Pour **4 personnes**
Préparation : **10 min**
Cuisson : **20 min**

2 rouleaux de pâte feuilletée – 1 œuf – 90 g de crème fraîche épaisse
30 g de fromage de chèvre émietté – 8 rondelles de bûche de chèvre
de ½ cm environ – 1 branche de thym effeuillée – un peu de beurre
un peu de farine

**1** Préchauffez le four à 160 °C (th. 5-6). Beurrez et farinez 8 mini-moules à quiches. Garnissez-les de pâte feuilletée.

**2** Mélangez l'œuf, la crème, le thym et le fromage émietté dans un saladier.

**3** Répartissez le mélange dans les moules.

**4** Déposez une rondelle de bûche par-dessus et enfournez pour 20 minutes.

*Testez différents fromages de chèvre pour varier les plaisirs !*

# Mini-quiches au brocoli

Pour **4 personnes**
Préparation : **10 min**
Cuisson : **25 min**

2 rouleaux de pâte brisée – 50 g de brocolis coupés finement – 1 œuf
90 g de crème fraîche épaisse – 20 g de feta – un peu de beurre
un peu de farine

1 Préchauffez le four à 160 °C (th. 5-6). Beurrez et farinez 8 mini-moules à quiches. Garnissez-les de pâte brisée.

2 Mélangez dans un saladier l'œuf, la crème, la feta et les brocolis.

3 Répartissez le mélange dans les moules et enfournez pour 25 minutes.

*Pour des mini-quiches bicolores, faites-les moitié brocoli, moitié chou-fleur !*

# Mini-flammekueches

Pour **4 à 6 personnes**
Préparation : **15 min**
Cuisson : **15 min**

1 pâte à pizza – 1 oignon moyen finement émincé – 50 g de lardons taillés en allumettes – 2 cuil. à soupe de crème fraîche épaisse – 2 cuil. à soupe de fromage blanc battu – poivre

1. Préchauffez le four à 210 °C (th. 7). Garnissez des moules à tartelettes de pâte.
2. Mélangez la crème et le fromage blanc.
3. Étalez la moitié du mélange crème-fromage sur les tartelettes.
4. Déposez par-dessus l'oignon émincé cru, les lardons, puis versez le reste de crème.
5. Poivrez et enfournez pour une quinzaine de minutes en surveillant.

Terminez vos flammekueches
en y déposant une toute petite noisette
de crème fraîche !

# Focaccia

Pour **4 à 6 personnes**
Préparation : **10 min**
Cuisson : **12 min**
Repos : **1 h**

400 g de pâte à pain ou à pizza – une vingtaine d'olives – 1 tige de romarin
1 cuil. à soupe d'huile d'olive – ½ cuil. à café de fleur de sel

1 Étalez la pâte à pain sur une feuille de papier cuisson de manière à obtenir un disque de 26 cm de diamètre environ. Couvrez-la d'un torchon et laissez-la reposer 1 heure à température ambiante.

2 Préchauffez le four à 220 °C (th. 7-8). Faites une vingtaine de trous dans la pâte avec votre index et placez-y les olives.

3 Parsemez les feuilles de romarin. Versez un filet d'huile d'olive et salez, puis enfournez pour une douzaine de minutes.

*Pour des mini-focaccias, séparez la pâte en huit !*

# Mini-pizzas jambon-artichaut

Pour **4 personnes**
Préparation : **10 min**
Cuisson : **10 à 15 min**

150 g de pâte à pizza – 1 boule de mozzarella coupée en tranches très fines
2 très fines tranches de jambon cru – 4 cœurs d'artichauts au naturel coupés en deux – un peu de farine – huile d'olive – feuilles de basilic
poivre

1 Préchauffez le four à 210 °C (th. 7). Étalez finement la pâte sur une plaque recouverte d'une feuille de papier cuisson farinée. Découpez-la en disques de 8 cm environ avec un emporte-pièce ou un bol.

2 Déposez, sur chaque disque de pâte, une tranche de mozzarella, un morceau de jambon déchiré et un demi-cœur d'artichaut.

3 Poivrez et versez un filet d'huile d'olive. Enfournez pour 10 à 15 minutes. Parsemez de feuilles de basilic avant de servir.

*Jambon cru, jambon fumé, jambon cuit, à vous de choisir !*

# Fougasse oignons-lardons

Pour **4 personnes**
Préparation : **10 min**
Cuisson : **25 min**
Repos : **1 h**

400 g de pâte à pain – 90 g de lardons – 1 oignon émincé finement

1 Faites revenir les lardons et l'oignon 5 minutes dans une poêle.

2 Étalez la pâte sur une feuille de papier cuisson de manière à obtenir un disque de 30 cm environ de diamètre.

3 Déposez la garniture sur une moitié du disque. Repliez l'autre moitié de pâte sur la garniture pour l'enfermer et donnez une forme ovale à votre fougasse. Appuyez bien sur les bords pour les sceller. Couvrez d'un torchon et laissez lever 1 heure.

4 Préchauffez le four à 210 °C (th. 7). Enfournez pour 20 minutes. Mettez un bol d'eau dans le four pour que la fougasse ne sèche pas.

*Passez en version végétarienne avec du tofu fumé à la place des lardons !*

# Fougasse chorizo, tomates séchées et basilic

Pour **4 personnes**
Préparation : **10 min**
Cuisson : **20 min**
Repos : **1 h**

400 g de pâte à pain – 60 g de chorizo en tranches très fines
30 g de tomates séchées – 2 tiges de basilic effeuillées

1 Hachez grossièrement le chorizo, les tomates et le basilic.

2 Étalez la pâte sur une feuille de papier cuisson de manière à obtenir un disque de 30 cm de diamètre environ.

3 Déposez la garniture sur une moitié du disque. Repliez l'autre moitié par-dessus pour fermer et donnez une forme ovale à votre pâte. Appuyez bien sur les bords pour les sceller. Couvrez d'un torchon et laissez lever 1 heure.

4 Préchauffez le four à 210 °C (th. 7). Enfournez pour 20 minutes. Mettez un bol d'eau dans le four pour que la fougasse ne sèche pas.

Donnez du piquant à votre fougasse
avec du chorizo très fort !

# Mini-calzones

Pour **4 personnes**
Préparation : **20 min**
Cuisson : **20 min**

2 rouleaux de pâte brisée – 8 mini-boules de mozzarella hachées grossièrement (ou 40 g) – 8 petites tomates cerises hachées grossièrement
4 cuil. à café de concentré de tomate – sel et poivre – 8 feuilles de basilic
1 jaune d'œuf

1 Préchauffez le four à 180 °C (th. 6). À l'aide d'un emporte-pièce ou d'un verre, découpez dans la pâte 8 cercles de 9 cm environ.

2 Badigeonnez le centre de chaque cercle avec un peu de concentré de tomate.

3 Répartissez par-dessus la mozzarella, les feuilles de basilic et les tomates cerises. Salez et poivrez. Humidifiez le pourtour au pinceau avec un peu d'eau.

4 Repliez la pâte de manière à obtenir des demi-lunes. Écrasez légèrement les bords avec les dents d'une fourchette pour les sceller.

5 Badigeonnez les mini-calzones avec le jaune d'œuf mélangé à 1 cuillerée à soupe d'eau.

6 Déposez-les sur une plaque recouverte d'une feuille de papier cuisson. Enfournez pour 20 minutes.

Rendez-les encore plus calzone
en cassant un œuf de caille
sur la garniture avant de refermer !

# Petits croissants à la mexicaine

Pour **4 personnes**
Préparation : **15 min**
Cuisson : **25 min**

2 rouleaux de pâte à pizza – 100 g de steak haché – 40 g de poivron au naturel ou à l'huile, égoutté et haché finement – ¼ d'oignon haché finement – ½ cuil. à café de mélange d'épices à la mexicaine
2 cuil. à soupe de fromage râpé – 1 jaune d'œuf
1 cuil. à café d'huile d'olive

1 Préchauffez le four à 180 °C (th. 6). Faites revenir les oignons avec l'huile pendant 3 minutes dans une poêle.

2 Ajoutez la viande, le poivron et les épices mexicaines. Poursuivez la cuisson 1 minute en émiettant la viande.

3 Découpez des disques de pâte de 9 cm de diamètre environ avec un petit bol.

4 Déposez sur chaque pâte 1 cuillerée à café de farce environ. Répartissez le fromage râpé par-dessus.

5 Repliez la pâte de manière à obtenir des demi-lunes. Écrasez légèrement les bords avec les dents d'une fourchette pour les sceller. Badigeonnez les croissants de jaune d'œuf mélangé à 1 cuillerée à soupe d'eau.

6 Déposez-les sur une plaque recouverte d'une feuille de papier cuisson. Enfournez pour 20 minutes.

Faites un apéritif mexicain en servant
ces petits croissants avec un guacamole !

# Bâtonnets feuilletés comté-carvi

Pour **4 personnes**
Préparation : **10 min**
Cuisson : **10 min**

150 g de pâte feuilletée – 1 jaune d'œuf – 1 cuil. à café de graines de carvi
1 cuil. à soupe de comté râpé finement – un peu de farine

1 Préchauffez le four à 180 °C (th. 6). Étalez la pâte feuilletée sur une feuille de papier cuisson farinée de manière à obtenir un rectangle de 15 par 20 cm.

2 Coupez des bandes de 1 cm environ dans la largeur. Badigeonnez-les avec le jaune d'œuf mélangé à 1 cuillerée à soupe d'eau.

3 Parsemez par-dessus le comté et le carvi.

4 Glissez le tout sur une plaque et enfournez pour une dizaine de minutes.

*Pour une version plus exotique, essayez le curry à la place du carvi !*

# Tortillons feuilletés sésame-pavot

Pour **4 personnes**
Préparation : **10 min**
Cuisson : **10 min**

150 g de pâte feuilletée – 1 jaune d'œuf – 1cuil. à café de graines de sésame
1 cuil. à café de graines de pavot – un peu de farine

1 Préchauffez le four à 180 °C (th. 6). Étalez la pâte feuilletée sur une feuille de papier cuisson farinée de manière à obtenir un rectangle de 15 cm par 20.

2 Coupez des bandes de 2 cm environ dans la largeur. Badigeonnez-les avec le jaune d'œuf mélangé à 1 cuillerée à soupe d'eau.

3 Parsemez par-dessus le sésame et le pavot. Torsadez les bandes de pâte.

4 Glissez le tout sur une plaque et enfournez pour une dizaine de minutes.

*Pour varier les saveurs, testez les herbes séchées à la place des graines !*

# Rillettes de thon

Pour **4 à 6 personnes**
Préparation : **5 min**

100 g de thon à l'huile d'olive égoutté – 150 g de fromage à tartiner (type Philadelphia®) – 2 cuil. à café de jus de citron – 1 cuil. à café d'huile d'olive – 10 brins de ciboulette ciselés – sel et poivre

1 Écrasez le thon à l'aide d'une fourchette, ajoutez le fromage, le citron, l'huile, le sel et le poivre.

2 Mélangez jusqu'à obtenir une pâte homogène. Parsemez de ciboulette.

*Prenez du thon au citron, à la tomate... et testez d'autres saveurs !*

# Guacamole

Pour **4 à 6 personnes**
Préparation : **5 min**

2 avocats – 2 oignons nouveaux – 6 tiges de coriandre – 1 cuil. à soupe de jus de citron vert – quelques gouttes de Tabasco® – sel et poivre

1 Émincez finement les oignons et la coriandre, réservez 1 cuillerée à soupe que vous ajouterez en fin de recette pour la présentation.

2 Mixez la chair des avocats ajoutez-y les oignons, la coriandre, le citron vert, le Tabasco®, le sel et le poivre, mélangez. Rectifiez selon votre goût.

3 Ajoutez l'oignon et la coriandre réservés avant de servir.

*Plus ou moins piquant,
c'est la dose de Tabasco® qui jouera !*

# Houmous

Pour **4 à 6 personnes**
Préparation : **10 min**
Cuisson : **2 min**

250 g de pois chiches égouttés – 1 gousse d'ail coupée en deux
3 cuil. à soupe de tahini – 1 cuil. à soupe de jus de citron – 2 cuil. à soupe d'huile d'olive – 1 pincée de cumin en poudre – ¼ de baguette de pain coupée en tranches – 1 pincée de paprika – sel et poivre

1 Mélangez les pois chiches, l'ail, le tahini, le jus de citron, l'huile d'olive, le cumin et 3 cuillerées à soupe d'eau.

2 Salez et poivrez, puis passez le tout au blender jusqu'à obtenir une crème lisse.

3 Passez les tranches de baguette au grille-pain et tartinez-les avec l'houmous.

4 Ajoutez une pincée de paprika sur chacune d'elles.

*Sur du pain, ou à la petite cuillère pour les gourmands, comme vous voulez !*

# Caviar d'aubergines

Pour **4 personnes**
Préparation : **5 min**
Cuisson : **20 min**

2 grosses aubergines coupées en deux – 3 cuil. à soupe de pâte de sésame (tahini) – 3 cuil. à soupe de jus de citron – 3 cuil. à soupe de fromage blanc 3 cuil. à soupe d'huile d'olive – 1 gousse d'ail – sel et poivre

1 Préchauffez le four à 200 °C (th. 6-7). Quadrillez la chair des aubergines avec la pointe d'un couteau.

2 Posez-les sur une plaque métallique recouverte de papier cuisson. Arrosez-les d'huile et enfournez pour 20 minutes en surveillant la cuisson.

3 Retirez la chair des aubergines avec une cuillère et jetez la peau.

4 Mixez les aubergines avec le jus de citron, la pâte de sésame, l'ail et le fromage blanc jusqu'à obtenir une pâte onctueuse et lisse. Salez et poivrez.

Pour accentuer le goût de sésame,
parsemez sur le caviar 1 cuillerée
à café de graines de sésame
juste grillées à la poêle.

# Tartinade poivron-feta

Pour **4 personnes**
Préparation : **10 min**
Cuisson : **10 min**
Repos : **10 min**

1 gros poivron rouge – 90 g de feta – 120 g de faisselle – 1 gousse d'ail
12 feuilles de basilic – 1 cuil. à soupe d'huile d'olive – sel et poivre
pain pour servir

1 Préchauffez le four à 200 °C (th. 6-7). Placez le poivron au four pour 10 minutes environ, en le retournant au bout de 5 minutes, jusqu'à ce que la peau commence à noircir.

2 Sortez-le du four, placez-le dans un sac congélation et laissez-le tiédir pendant 10 minutes. Épluchez-le et épépinez-le.

3 Mixez le poivron avec la feta, la faisselle, l'ail, le basilic et l'huile jusqu'à obtenir une pâte onctueuse et lisse. Salez et poivrez.

4 Servez avec des tranches de pain grillé.

Si vous manquez de temps, remplacez le poivron frais par du poivron à l'huile bien égoutté !

# Tapenade noire

Pour **4 à 6 personnes**
Préparation : **5 min**

240 g d'olives noires dénoyautées – 40 g d'anchois à l'huile – 20 câpres
1 gousse d'ail – 2 cuil. à soupe d'huile d'olive – 2 cuil. à café de romarin
pain pour servir

1 Versez dans le bol d'un blender les olives, les anchois, les câpres, l'ail, l'huile d'olive et le romarin.

2 Mixez jusqu'à l'obtention d'une pâte assez fine. Servez avec du pain.

**Pour une tapenade verte**

Remplacez les olives noires par des vertes et le romarin par du basilic et vous aurez une tapenade verte.

*Essayez avec différents pains
et surtout avec un pain aux noix !*

# Cervelle de canut au chèvre frais

Pour **4 personnes**
Préparation : **5 min**

120 g de fromage de chèvre – 120 g de fromage frais – 1 oignon nouveau émincé finement – 1 cuil. à soupe d'huile d'olive + 1 filet – 6 tiges de ciboulette émincées finement – 2 tiges de persil hachées finement sel et poivre

1 Mélangez le fromage frais et le fromage de chèvre.

2 Ajoutez les herbes, l'oignon (réservez un peu d'oignon, de ciboulette et de persil), l'huile, le sel, le poivre et remuez.

3 Au moment de servir, parsemez cette cervelle de canut des ingrédients réservés et versez un filet d'huile d'olive.

*N'hésitez pas à varier les herbes ou même à en ajouter, par exemple de l'estragon !*

# Tartinade de sardines

Pour **4 personnes**
Préparation : **5 min**

100 g de sardines en boîte – 100 g de fromage frais (du type St Môret®) 30 g de beurre mou – 4 tiges de ciboulette hachées – 1 cuil. à soupe de moutarde – 1 cuil. à soupe de jus citron – huile d'olive

1 Mixez les sardines avec le fromage frais assez finement.

2 Ajoutez le beurre, la moutarde, le jus de citron et les trois quarts de la ciboulette et mixez de nouveau.

3 Saupoudrez le reste de ciboulette sur la pâte et ajoutez quelques gouttes d'huile d'olive.

*N'hésitez pas à réaliser la même tartinade avec des maquereaux en boîte bien égouttés !*

# Foie gras au pain d'épice

Pour **4 personnes**
Préparation : **5 min**
Cuisson : **30 s**
Repos : **1 jour**

150 g de foie gras cru – sel et poivre – pain d'épice pour servir

1 Coupez le foie gras cru en tranches dans la largeur, puis chaque tranche en deux. Salez et poivrez.

2 Tassez les tranches les unes sur les autres dans un bocal de 12 cl fermant avec un couvercle.

3 Mettez le bocal ouvert au four à micro-ondes et faites cuire trois fois 10 secondes à 900 watts. Le gras doit alors apparaître à hauteur des tranches de foie.

4 Fermez le bocal et mettez-le au réfrigérateur une journée minimum.

5 Servez avec des tranches de pain d'épice coupées à l'emporte-pièce.

Pain d'épice
ou pain aux fruits secs,
à vous de choisir !

# Mini-blinis à la crème de saumon fumé

Pour **4 personnes**
Préparation : **5 min**

8 mini-blinis – 100 g de saumon fumé grossièrement haché – 40 g de beurre coupé en cubes – 60 g de crème fraîche épaisse – 4 tranches de concombre coupées en deux – ½ cuil. à café d'aneth haché – le zeste de ¼ de citron vert
1 citron vert coupé en quartiers pour servir

1. Mixez le saumon assez finement. Ajoutez le beurre, la crème, l'aneth et mixez encore.
2. Placez une demi-tranche de concombre sur chaque blini.
3. Disposez la crème de saumon à la poche à douille ou à la cuillère.
4. Finissez en parsemant le zeste de citron.
5. Servez avec des quartiers de citron vert.

Ajoutez quelques œufs de saumon,
ce sera encore meilleur !

# Mini-blinis à la crème d'avocat

Pour **4 personnes**
Préparation : **5 min**

8 mini-blinis – 1 avocat – 4 tiges de coriandre – 2 petits oignons coupés en quatre – 1 cuil. à soupe de crème fraîche – le zeste de ¼ de citron jaune
1 cuil. à soupe de jus de citron jaune – sel et poivre

1 Mixez finement l'oignon et la coriandre. Ajoutez l'avocat et mixez.

2 Ajoutez la crème fraîche, le jus de citron, salez, poivrez et mixez jusqu'à obtenir une pâte lisse.

3 Disposez le mélange sur les blinis à l'aide d'une cuillère ou d'une poche à douille.

4 Finissez en parsemant le zeste de citron.

*Vous pouvez aussi tartiner cette crème d'avocat sur des rondelles de baguette grillées !*

# Tortilla

Pour **8 personnes**
Préparation : **5 min**
Cuisson : **35 min**

2 oignons émincés finement – 2 cuil. à soupe d'huile d'olive – 750 g de pommes de terre coupées en cubes de 1 à 2 cm – 8 œufs – sel et poivre

1 Faites revenir les oignons dans une poêle avec 1 cuillerée à soupe d'huile jusqu'à ce qu'ils colorent légèrement, puis réservez-les.

2 Plongez les pommes de terre dans une casserole d'eau bouillante salée de 6 à 8 minutes.

3 Égouttez-les, puis faites-les revenir à la poêle avec l'huile restante.

4 Dans un saladier, versez les œufs et battez-les à la fourchette, salez et poivrez.

5 Mélangez les pommes de terre et les oignons dans un autre saladier.

6 Versez-les dans une poêle de 20 cm de diamètre à hauts rebords, versez les œufs par-dessus, laissez cuire 15 minutes à couvert sur feu doux. Piquez régulièrement la tortilla de part en part afin que l'œuf cuise uniformément.

7 Posez, hors du feu, une assiette sur la poêle, retournez d'un coup, puis faites glisser la tortilla de nouveau dans la poêle pour cuire l'autre face 10 minutes à feu très doux.

Aussi bonne chaude que froide,
cette tortilla est parfaite
pour un pique-nique !

# Patatas bravas

Pour **4 personnes**
Préparation : **5 min**
Cuisson : **25 min**

250 g de petites pommes de terre brossées – 2 gousses d'ail écrasées au presse-ail – 1 cuil. à café de paprika – 2 à 3 branches de persil ciselées
8 cuil. à soupe de ketchup – 1 trait de Tabasco® (facultatif)
sel et poivre – huile d'olive

1 Faites bouillir 1 litre d'eau dans une casserole avec 1 pincée de sel, plongez-y les pommes de terre et laissez-les cuire 5 minutes.

2 Videz l'eau bouillante des pommes de terre et arrêtez la cuisson en versant de l'eau froide dans la casserole.

3 Préchauffez le four à 200 °C (th. 6-7). Posez une feuille de papier cuisson sur une plaque. Coupez les pommes de terre en deux et disposez-les sur la plaque côté coupé vers le haut.

4 Arrosez-les d'un filet d'huile d'olive et enfournez-les pour 15 minutes.

5 Saupoudrez-les de paprika et de 1 pincée de sel et remettez-les au four pour 1 minute.

6 Faites revenir l'ail 1 à 2 minutes dans une poêle avec l'huile d'olive. Ajoutez le ketchup et le Tabasco®, mélangez et laissez chauffer encore 1 minute.

7 Versez les pommes de terre et arrosez-les de sauce. Laissez cuire 2 à 3 minutes. Parsemez de persil et servez.

*Plus ou moins épicées,
selon votre goût,
ces patatas bravas
sont toujours un délice !*

# Pan con tomate

Pour **4 personnes**
Préparation : **5 min**
Cuisson : **3 min**

4 grandes tranches de pain de campagne – 1 grosse tomate bien mûre coupée en deux – 8 tranches très fines de jambon de Bayonne
2 cuil. à soupe d'huile d'olive – poivre

1 Faites griller les tranches de pain au grille-pain.

2 Frottez la tomate, côté coupé, sur le pain en l'écrasant bien.

3 Versez un filet d'huile d'olive et poivrez.

4 Déposez par-dessus les tranches de jambon en chiffonnade.

*Avec ou sans jambon,*
*c'est tout aussi bon !*

# Friture d'éperlans

Pour **4 à 6 personnes**
Préparation : **10 min**
Cuisson : **5 min**

250 g d'éperlans – 4 cuil. à soupe de farine – sel et poivre – huile de friture
Pour la sauce : 1 œuf + 1 œuf dur haché finement – 20 cl d'huile
1 cuil. à soupe de moutarde forte – 1 cuil. à café de vinaigre de cidre
1 cuil. à soupe de câpres hachés finement – 4 cornichons hachés finement
1 cuil. à soupe de cerfeuil haché finement – sel et poivre

1 Préparez la sauce en montant une mayonnaise au mixeur plongeant avec l'œuf, l'huile, la moutarde et le vinaigre.

2 Incorporez l'œuf dur, les câpres, les cornichons et le cerfeuil, salez et poivrez.

3 Préchauffez un bain d'huile à 160 °C. Versez la farine et les poissons dans un sac congélation, salez et poivrez et secouez bien le tout pour enrober les poissons.

4 Versez-les dans le bain d'huile 4 à 5 minutes. Servez-les accompagnés de sauce.

*Vous pouvez aussi faire une friture avec des petits anchois.*

# Gaspacho

Pour **4 personnes**
Préparation : **10 min**
Réfrigération : **1 h**

250 g de tomates pelées, égrainées et hachées grossièrement
15 g de piment vert – 30 g de concombre – ½ gousse d'ail – 15 g de mie de pain rassis, coupée en cubes – 3 cl d'huile d'olive – 1 cuil. à café de vinaigre de xérès – sel et poivre

1 Hachez grossièrement le piment, le concombre et l'ail. Gardez aussi un peu de tomate, de concombre et de piment en tout petits cubes pour les parsemer sur le gaspacho avant de le servir.

2 Dans un saladier, versez le pain et couvrez-le avec les tomates, le concombre, le piment et l'ail et mettez au frais pour 1 heure.

3 Mixez le tout. Mélangez l'huile, le vinaigre et 3 cl d'eau dans un bol, puis ajoutez-le en filet dans le blender en le laissant tourner. Assaisonnez et redonnez un tour de blender.

4 Versez dans de petits bols, ajoutez quelques petits cubes de tomate, de concombre, de piment et un filet d'huile. À consommer très très frais et sans attendre !

*Pour un gaspacho plus relevé,
pensez au Tabasco® !*

# Calamars à la romaine

Pour **4 personnes**
Préparation : **10 min**
Cuisson : **5 min**

300 g de calamars coupés en rondelles – 150 g de farine – 90 g de Maïzena®
¼ de cuil. à café de bicarbonate (facultatif) – 2 œufs – 1 cuil. à soupe d'huile d'olive + huile de friture – sel et poivre

1 Préchauffez l'huile de friture à 180 °C.

2 Mélangez la farine, la Maïzena® et le bicarbonate.

3 Fouettez, dans un saladier, les œufs avec 15 cl d'eau et l'huile et incorporez-les à la farine. Salez et poivrez.

4 Trempez les rondelles de calamar dans la pâte et faites-les frire par quatre ou cinq de 2 à 3 minutes. Réservez-les au fur et à mesure sur une grille.

5 Augmentez ensuite la température à 200 °C, puis plongez-les de nouveau 1 minute.

6 Égouttez-les bien et dégustez sans attendre.

Avec ou sans piment,
selon votre humeur !

# Bruschettas tomate-mozzarella-parmesan

Pour **4 personnes**
Préparation : **5 min**
Cuisson : **10 min**

4 tranches de pain – 2 boules de mozzarella coupées en fines tranches
3 petites tomates (de couleurs différentes) – 1 cuil. à soupe de copeaux de parmesan – 1 cuil . à café d'huile d'olive – poivre

1 Faites griller le pain. Préchauffez le four à 210 °C (th. 7).

2 Disposez les tranches de mozzarella sur le pain grillé.

3 Passez-les au four 10 minutes.

4 Coupez les tomates en cubes, puis disposez-les sur le pain.

5 Parsemez de copeaux de parmesan, versez un filet d'huile et poivrez.

*Donnez du caractère à vos bruschettas en remplaçant les tomates rouges par du poivron rouge !*

# Crostinis ricotta, figue et miel

Pour **4 personnes**
Préparation : **10 min**
Cuisson : **5 min**

8 tranches de baguettes grillées – 2 figues coupées en tranches
4 cuil. à soupe de ricotta – 1 cuil. à soupe d'huile d'olive – 1 cuil. à soupe de vinaigre balsamique – 2 cuil. à soupe de sucre en poudre
2 tiges d'origan effeuillées – poivre

1 Faites griller le pain.

2 Faites chauffer le vinaigre et le sucre dans une petite casserole. Portez à ébullition et laissez 3 minutes à feu doux.

3 Badigeonnez les tranches de pain avec l'huile d'olive. Étalez la ricotta et déposez les tranches de figue.

4 Finissez en versant sur les tartines le mélange de vinaigre au sucre, poivrez et parsemez l'origan.

*Faites vos crostinis avec toutes sortes de pains, aux graines ou aux fruits secs !*

# Caponata

Pour **6 personnes**
Préparation : **10 min**
Cuisson : **20 min**

6 tranches de pain grillées – 2 aubergines coupées en cubes
2 branches de céleri coupées en petits tronçons – 1 oignon coupé en cubes
250 g de tomates coupées en cubes – 16 olives vertes coupées en rondelles
1 cuil. à soupe de câpres – 2 branches de basilic – 3 cuil. à soupe d'huile d'olive

1 Faites revenir 6 minutes dans une sauteuse le céleri et l'oignon avec 2 cuillerées à soupe d'huile d'olive.

2 Ajoutez les aubergines et laissez cuire 6 minutes à couvert.

3 Versez les tomates et poursuivez la cuisson 6 minutes à couvert en remuant de temps en temps.

4 Ajoutez les câpres et les olives et remuez sur le feu pendant 1 minute à découvert.

5 Badigeonnez les tranches de pain avec l'huile d'olive restante.

6 Déposez la caponata sur les tranches de pain et terminez en déposant les feuilles de basilic par-dessus.

Rafraîchissez la caponata
en ajoutant un peu
de burrata !

# Poivrons marinés

Pour **4 personnes**
Préparation : **20 min**
Cuisson : **20 min**
Repos : **10 min**

4 à 6 poivrons jaunes et rouges – 1 gousse d'ail coupée en tranches
1 cuil. à café de persil haché – 1 cuil. à café de vinaigre
10 cl d'huile d'olive – sel

1 Préchauffez le four à 210 °C (th. 7). Enfournez les poivrons sur une grille pour 20 minutes, jusqu'à ce qu'ils soient légèrement brûlés.

2 Placez les poivrons dans un sac congélation et laissez-les refroidir à température ambiante pendant 10 minutes.

3 Retirez ensuite leur peau. Coupez-les en lanières et épépinez-les.

4 Disposez-les dans un saladier et ajoutez l'ail, le persil, le vinaigre, l'huile et le sel. Mélangez le tout.

*Saupoudrez vos poivrons de graines de sésame pour les faire croustiller !*

# Ailerons de poulet croustillants

Pour **4 personnes**
Préparation : **10 min**
Cuisson : **15 min**

8 pilons d'aileron de poulet – 1 l de bouillon de volaille – 2 cuil. à soupe de Maïzena® – 2 cuil. à soupe de chapelure – 2 cuil. à soupe d'amandes effilées écrasées – 2 branches de thym effeuillées hachées finement
1 œuf battu – sel et poivre – huile de friture

1 Faites cuire les ailerons de poulet dans le bouillon porté à ébullition pendant 6 minutes, puis séchez-les avec du papier absorbant.

2 Préchauffez un bain d'huile à 140 °C.

3 Mélangez la Maïzena®, la chapelure, le thym et les amandes, salez un peu et poivrez généreusement.

4 Trempez les ailerons dans l'œuf, puis dans le mélange de chapelure en insistant bien.

5 Faites-les frire pendant 6 minutes. Réservez-les.

6 Augmentez la température de l'huile à 180 °C et repassez-les à la friteuse 1 ou 2 minutes, juste le temps de les dorer.

Mayonnaise, barbecue, ketchup...
toutes les sauces conviennent
à ces pilons de poulet !

# Ailerons de poulet au lard

Pour **4 personnes**
Préparation : **10 min**
Cuisson : **26 min**

8 pilons d'aileron de poulet – 1 l de bouillon de volaille
8 tranches fines de poitrine fumée – 2 cuil. à café de moutarde à l'ancienne
2 cuil. à café de sauce barbecue

1 Faites cuire le poulet dans le bouillon porté à ébullition pendant 6 minutes, puis séchez-le avec du papier absorbant.

2 Préchauffez le four à 180 °C (th. 6).

3 Mélangez la moutarde et la sauce barbecue, badigeonnez-en les ailerons.

4 Enroulez une tranche de poitrine autour de chacun d'eux.

5 Déposez-les sur une grille et enfournez pour 20 minutes.

*Moutarde à l'ancienne ou moutarde forte, à vous de choisir !*

# Calamars sautés au beurre pimenté

Pour **4 personnes**
Préparation : **5 min**
Cuisson : **3 à 5 min**

600 g de petits calamars coupés en tranches – 60 g de beurre coupé en morceaux – ½ piment oiseau grossièrement haché
4 tiges de persil – 1 petite gousse d'ail

1 Mixez finement le piment, le persil et l'ail.

2 Ajoutez le beurre et mixez encore jusqu'à obtenir un mélange homogène.

3 Faites chauffer 1 cuillerée à soupe du beurre mixé dans une poêle, sur feu vif. Ajoutez les calamars et faites-les revenir 3 à 5 minutes en remuant régulièrement.

4 Servez les calamars avec le reste de beurre pimenté en accompagnement.

*Attention au piment, à vous d'ajuster selon votre goût !*

# Cookies au chèvre et thym

Pour **20 mini-cookies**
Préparation : **15 min**
Cuisson : **15 min**

180 g de farine – 90 g d'amandes effilées – 150 g de crottin de chèvre râpé grossièrement – 4 tiges de thym effeuillées – ¼ de cuil. à café de fleur de sel 1 cuil. à soupe d'huile d'olive – 60 g de beurre fondu – 12 cl de lait

1 Préchauffez le four à 180 °C (th. 6). Mélangez la farine, la fleur de sel, les amandes, le chèvre et le thym dans un saladier.

2 Fouettez ensemble l'huile, le beurre et le lait, puis versez-les dans le saladier. Mélangez jusqu'à obtenir une boule homogène.

3 Prélevez des noix de pâte de 30 g environ, aplatissez-les pour leur donner la forme de cookies et déposez-les sur une plaque recouverte d'une feuille de papier cuisson.

4 Enfournez pour 15 minutes, puis laissez-les refroidir sur une grille.

*Et si vous préférez, remplacez le thym par un mélange d'herbes de Provence !*

# Biscuits amande-parmesan

Pour **4 personnes**
Préparation : **10 min**
Cuisson : **10 min**

150 g de beurre mou – 150 g de farine – 150 g de parmesan râpé
50 g d'amandes effilées

1 Préchauffez le four à 180 °C (th. 6). Mélangez le beurre, la farine et le parmesan jusqu'à obtenir une pâte homogène. Formez des boulettes de pâte de 20 g.

2 Étalez les amandes effilées sur un plan de travail. Écrasez les boulettes de la paume de la main sur les amandes de manière à les aplatir et à incruster les amandes dans la pâte.

3 Retournez-les et écrasez l'autre côté dans les amandes. Vous devez obtenir des disques de 7 cm de diamètre environ.

4 Déposez ces biscuits sur une plaque recouverte de papier cuisson. Enfournez pour 10 minutes environ.

*Pour une version plus italienne, remplacez les amandes par des pignons !*

# Cannelés basilic et olives

Pour **4 à 6 personnes**
Préparation : **5 min**
Cuisson : **20 à 25 min**

45 g d'olives vertes dénoyautées – 12 feuilles de basilic – 2 œufs
1 cuil. à soupe d'huile d'olive + un peu pour les moules – 6 cl de lait
90 g de ricotta – 100 g de farine – 1 cuil. à café de levure chimique
90 g de gruyère râpé – poivre

1 Préchauffez le four à 160 °C (th. 5-6). Mettez les olives et le basilic dans le bol d'un blender et mixez rapidement.

2 Ajoutez les œufs, l'huile, le lait et la ricotta et mixez bien le tout.

3 Ajoutez la farine, la levure et le fromage. Poivrez et faites de nouveau tourner le blender jusqu'à ce que tout soit bien mélangé.

4 Huilez des moules à mini-cannelés, puis remplissez-les aux deux tiers. Enfournez pour 20 à 25 minutes.

Basilic ou herbes de Provence,
à vous de choisir !

# Madeleines au parmesan et aux herbes

Pour **4 personnes**
Préparation : **5 min**
Cuisson : **15 min**
Repos : **15 min**

150 g de farine – ½ sachet de levure (6 g de levure) – 2 œufs
9 cl de lait – 60 g de beurre – 60 g de parmesan – 2 cuil. à café d'herbes de Provence fraîches – huile pour les moules – sel et poivre

1 Préchauffez le four à 210 °C (th. 7). Mélangez tous les ingrédients dans un saladier. Salez légèrement et poivrez.

2 Garnissez de pâte des moules à madeleines légèrement huilés.

3 Enfournez, baissez la température à 180 °C (th. 6) et laissez cuire 15 minutes.

4 Démoulez et laissez refroidir sur une grille pendant 15 minutes.

*Donnez un peu de douceur à vos madeleines en utilisant du gruyère !*

# Mini-clafoutis aux tomates cerises

Pour **4 personnes**
Préparation : **15 min**
Cuisson : **20 min**

2 rouleaux de pâte feuilletée – 40 petites tomates cerises – 1 œuf
30 g de farine + un peu pour les moules – 7 cl de lait – 15 g de parmesan râpé – 10 feuilles de basilic émincées finement – quelques gouttes d'huile d'olive – beurre pour les moules – sel et poivre

1 Préchauffez le four à 180 °C (th. 6). Beurrez et farinez 8 mini-moules à quiche. Garnissez-les de pâte feuilletée.

2 Placez 5 tomates cerises dans chaque moule.

3 Battez l'œuf, la farine, le sel et le poivre dans un saladier.

4 Incorporez le lait et le parmesan. Ajoutez le basilic et mélangez.

5 Versez sur les tomates dans les moules. Enfournez pour 20 minutes.

6 Dès la sortie du four, versez 1 ou 2 gouttes d'huile d'olive sur chaque clafoutis.

C'est délicieux aussi
avec des tomates séchées !

# Cannelés chorizo-tomates séchées

Pour **4 personnes**
Préparation : **10 min**
Cuisson : **25 min**

30 g de chorizo en tranches – 30 g de tomates séchées – 2 œufs
1 cuil. à soupe d'huile d'olive + un peu Pour les moules – 6 cl de lait
90 g de ricotta – 100 g de farine – 1 cuil. à café de levure chimique
90 g de gruyère râpé – poivre

1 Préchauffez le four à 160 °C (th. 5-6). Mettez le chorizo et les tomates séchées dans le bol d'un blender et mixez rapidement.

2 Ajoutez les œufs, l'huile, le lait et la ricotta et mixez bien le tout.

3 Versez la farine, la levure et le fromage. Poivrez et faites de nouveau tourner le blender jusqu'à ce que tout soit bien mélangé.

4 Huilez des moules à mini-cannelés, puis remplissez-les aux deux tiers. Enfournez pour 25 minutes.

*Piquant ou non,*
*choisissez le chorizo à votre goût !*

# Muffins courgette-poivron

Pour **4 personnes**
Préparation : **10 min**
Cuisson : **30 min**

250 g de farine – 1 sachet de levure – 30 g de parmesan râpé
60 g de courgette râpée grossièrement – 60 g de poivron jaune râpé
3 œufs – 20 cl de lait – 2 cuil. à soupe d'huile d'olive + un peu pour les moules
3 cuil. à soupe de graines de potiron – poivre

1 Préchauffez le four à 160 °C (th. 5-6). Dans un saladier, mélangez la farine, la levure et le poivre.

2 Ajoutez le parmesan, la courgette et le poivron, mélangez bien le tout.

3 Incorporez les œufs, le lait et l'huile. Ajoutez 2 cuillerées à soupe de graines de potiron et mélangez.

4 Versez la pâte dans des moules à muffins huilés et parsemez les graines de potiron restantes. Enfournez pour une trentaine de minutes.

Donnez du piquant à vos muffins
en mélangeant des piments
à vos poivrons !

# Madeleines comté-cumin

Pour **4 personnes**
Préparation : **5 min**
Cuisson : **15 min**
Repos : **15 min**

150 g de farine – ½ sachet de levure (6 g) – 2 œufs – 9 cl de lait
60 g de beurre – 60 g de comté – 1 cuil. à café de graines de cumin
sel et poivre – huile pour les moules

1 Préchauffez le four à 210 °C (th. 7). Mélangez tous les ingrédients dans un saladier. Salez légèrement et poivrez.

2 Garnissez de pâte des moules à madeleines légèrement huilés.

3 Enfournez, baissez la température à 180 °C (th. 6) et laissez cuire 15 minutes.

4 Démoulez et laissez refroidir sur une grille.

*Pour des madeleines plus douces, oubliez le cumin !*

# Cake jambon-feta-basilic

Pour **6 à 8 personnes**
Préparation : **10 min**
Cuisson : **40 min**

90 g de jambon cru coupé en fines lanières – 60 g de feta grossièrement émiettée – 30 g de parmesan râpé – 20 feuilles de basilic grossièrement hachées – 300 g de farine + un peu pour le moule
1 sachet de levure – 6 œufs – 10 cl de lait – 6 cl d'huile d'olive
poivre du moulin – beurre pour le moule

1 Préchauffez le four à 180 °C (th. 6). Mélangez rapidement dans un bol la feta, le parmesan et le basilic.

2 Versez la farine et la levure dans un saladier.

3 Mélangez à part les œufs, le lait et l'huile d'olive et fouettez-les rapidement. Incorporez-les à la farine pour obtenir une pâte lisse et homogène.

4 Ajoutez le jambon et les fromages, poivrez et mélangez pour bien les répartir dans la pâte.

5 Versez la pâte dans un moule à cake de 22 cm de long environ, beurré et fariné. Enfournez pour 40 minutes.

Un cake à essayer
avec toutes sortes d'herbes,
thym, romarin...
à la place du basilic !

# Muffins pignons et herbes

Pour **4 personnes**
Préparation : **10 min**
Cuisson : **30 min**

250 g de farine – 1 sachet de levure – 90 g de parmesan râpé
30 g de pignons de pin – ½ cuil. à café de thym séché émietté
½ cuil. à café de romarin séché émietté – 3 œufs – 20 cl de lait
2 cuil. à soupe d'huile d'olive + un peu pour les moules – poivre

1. Préchauffez le four à 160 °C (th. 5-6). Dans un saladier, mélangez la farine, la levure et poivrez.
2. Ajoutez le parmesan, le thym et les trois quarts des pignons et du romarin, mélangez bien le tout.
3. Incorporez les œufs, le lait et l'huile.
4. Versez la pâte dans des moules à muffins huilés.
5. Parsemez les pignons et le romarin restants et enfournez pour une trentaine de minutes.

*Vous pouvez remplacer les pignons par des amandes ou des noisettes hachées !*

# Madeleines saumon-aneth

Pour **4 personnes**
Préparation : **5 min**
Cuisson : **15 min**
Repos : **15 min**

150 g de farine – ½ sachet de levure (6 g) – 2 œufs – 9 cl de lait
60 g de beurre – 30 g de feta – 30 g de saumon fumé – 1 cuil. à café d'aneth haché – huile pour les moules

1 Préchauffez le four à 210 °C (th. 7). Mélangez tous les ingrédients dans un saladier. Salez légèrement et poivrez.

2 Répartissez la pâte dans des moules à madeleines légèrement huilés.

3 Enfournez, baissez la température à 180 °C (th. 6) et laissez cuire 15 minutes.

4 Démoulez et laissez refroidir sur une grille.

*Truite ou haddock peuvent remplacer le saumon !*

# Cake roquefort-lardons-olives

Pour **6 à 8 personnes**
Préparation : **10 min**
Cuisson : **45 min**

90 g de lardons fumés – 60 g de roquefort grossièrement émietté
30 g d'emmental râpé – 60 g d'olives vertes dénoyautées
300 g de farine + un peu pour le moule – 1 sachet de levure – 6 œufs
10 cl de lait – 6 cl d'huile d'olive – poivre du moulin – beurre pour le moule

1 Préchauffez le four à 180 °C (th. 6). Faites revenir les lardons à la poêle à feu vif 2 à 3 minutes, poivrez.

2 Versez-les dans un bol avec le roquefort, l'emmental et les olives.

3 Versez la farine et la levure dans un saladier.

4 Mélangez à part les œufs, le lait et l'huile et fouettez-les rapidement. Incorporez-les à la farine et mélangez jusqu'à obtenir une pâte lisse et homogène.

5 Ajoutez la garniture et mélangez pour bien la répartir dans la pâte.

6 Versez la pâte dans un moule à cake de 22 cm de long environ, beurré et fariné. Enfournez pour 40 minutes.

Donnez une touche italienne à votre cake en remplaçant le roquefort par du gorgonzola !

# Brochettes d'ananas et poisson mariné

Pour **4 personnes**
Préparation : **10 min**
Cuisson : **5 min**
Repos : **2 h**

16 cubes d'ananas de 3 cm de côté environ – 16 cubes de dos de cabillaud de 3 cm de côté environ
Pour la marinade : 2 cuil. à soupe de citron vert – 2 cuil. à soupe d'huile d'olive – 2 tiges de menthe effeuillées – sel et poivre

1 Mélangez les ingrédients de la marinade dans un bol.

2 Déposez les cubes de poisson dans une boîte fermant hermétiquement, versez par-dessus la marinade, fermez la boîte, puis réservez 2 heures au réfrigérateur.

3 Égouttez le poisson.

4 Piquez 2 cubes d'ananas et 2 cubes de poisson sur chaque pique à brochette.

5 Faites-les cuire 5 minutes au gril à feu vif ou au barbecue en les retournant régulièrement.

*Variez les poissons, utilisez du saumon ou de l'espadon !*

# Brochettes raisin, emmental et cumin

Pour **4 personnes**
Préparation : **10 min**

24 cubes d'emmental au cumin de 2 cm de côté environ
12 grains de raisin noir – 12 grains de raisin blanc

1 Piquez 2 cubes d'emmental, 1 grain de raisin noir et 1 grain de raisin blanc sur une pique à brochette en les alternant.

2 Recommencez autant de fois que nécessaire.

*Emmental au cumin ou comté au carvi, les deux sont aussi possibles !*

# Brochettes d'agneau aux fruits secs

Pour **4 personnes**
Préparation : **5 min**
Cuisson : **6 min**
Marinade : **1 h**

16 cubes de viande d'agneau de 3 cm de côté environ – 8 pruneaux
8 abricots secs – 20 cl de thé – 1 cuil. à soupe de miel liquide
1 cuil. à café de curry en poudre – sel et poivre

1. Faites mariner les abricots dans le thé tiède pendant 1 heure.
2. Salez et poivrez la viande.
3. Piquez 1 pruneau, 2 cubes de viande et 1 abricot sur chaque brochette.
4. Faites-les cuire sous un gril brûlant ou au barbecue pendant 6 minutes en les retournant régulièrement.
5. Mélangez le miel et le curry et badigeonnez-en les brochettes bien chaudes. Mangez sans attendre.

N'hésitez pas à utiliser
aussi des figues !

# Brochettes de saint-jacques et poitrine fumée

Pour **4 personnes**
Préparation : **10 min**
Cuisson : **5 min**

16 noix de saint-jacques – 16 tranches fines de poitrine fumée
1 cuil. à soupe de moutarde à l'ancienne – poivre du moulin

1 Étalez un peu de moutarde sur une tranche de poitrine fumée, poivrez, puis enroulez-la autour de 1 noix.

2 Piquez le tout à l'aide d'une pique à brochette et répétez l'opération pour chaque saint-jacques.

3 Passez chaque brochette à la poêle chaude 1 bonne minute sur chacune des quatre faces.

*Remplacez la moutarde à l'ancienne par de la moutarde forte si vous aimez plus relevé !*

# Brochettes de poulet yakitori

Pour **4 personnes**
Préparation : **10 min**
Cuisson : **2 à 3 min**
Marinade : **15 min**

1 blanc de poireau coupé en rondelles de 1 cm – 1 blanc de poulet coupé en cubes de 2 cm environ – 2 cuil. à soupe de sauce soja sucrée
1 cuil. à soupe de graines de sésame – 1 citron vert coupé en rondelles

1 Piquez chaque rondelle de poireau avec 1 cube de poulet sur une petite pique à brochette.

2 Faites-les mariner une quinzaine de minutes dans la sauce soja.

3 Égouttez-les rapidement et faites-les cuire 2 à 3 minutes sur un gril bien chaud en les retournant sur toutes les faces.

4 Parsemez-les de sésame et servez-les chaudes accompagnées de rondelles de citron et de la sauce restante.

Et si vous essayiez
les brochettes
de saumon yakitori ?

# Brochettes de pastèque et melon anisés

Pour **4 personnes**
Préparation : **10 min**
Cuisson : **5 min**
Réfrigération : **15 min**

24 cubes de pastèque de 2 cm de côté environ – 24 cubes de melon de 2 cm de côté environ – 15 cl de sirop de canne – ¼ cuil. à café de graines d'anis vert

1 Portez le sirop à ébullition dans une petite casserole avec les graines d'anis, baissez le feu et prolongez la cuisson 3 minutes à feu doux. Laissez refroidir.

2 Piquez les cubes de pastèque et de melon sur des piques à brochettes.

3 Arrosez-les de sirop et réservez-les au réfrigérateur une quinzaine de minutes avant de servir.

*Jouez sur les couleurs et ajoutez du melon vert !*

# Boulettes au fromage

Pour **4 personnes**
Préparation : **10 min**

150 g de fromage de chèvre frais – 30 g de chiffonnade de jambon cru
20 g de parmesan râpé finement – 20 g de pistaches hachées
quelques feuilles de basilic – 1 cuil. à café d'huile d'olive
20 tomates cerises – poivre du moulin

1 Taillez le jambon et le basilic très finement.

2 Écrasez à la fourchette le chèvre frais et incorporez les trois quarts du jambon, le parmesan et le basilic.

3 Versez un filet d'huile d'olive et poivrez. Mélangez bien. Formez des boulettes de la taille d'une petite tomate cerise.

4 Mélangez les pistaches concassées et le jambon restant, roulez chaque boule dans ce mélange.

5 Enfilez une tomate cerise et une boulette sur une pique. Recommencez jusqu'à épuisement des ingrédients.

*N'hésitez pas à remplacer basilic et pistaches par ciboulette et amandes ou encore cerfeuil et noisettes !*

# Falafels

Pour **4 personnes**
Préparation : **10 min**
Cuisson : **3 min**
Pour **la sauce** :

1 yaourt à la grecque – 2 cuil. à soupe d'huile d'olive – quelques pincées de cumin en poudre – 1 cuil. à soupe de tahini (facultatif) – sel et poivre persil et coriandre (facultatif)
Pour les falafels : 1 boîte de pois chiches au naturel – 100 g d'oignon haché grossièrement – 1 gousse d'ail épluchée coupée en quatre
5 tiges de coriandre – 2 cuil. à soupe de farine – ½ cuil. à café de cumin en poudre – sel et poivre – huile de friture

1 Mélangez tous les ingrédients de la sauce dans un bol. Vous pouvez y ajouter quelques feuilles de persil et de coriandre.

2 Préchauffez la friteuse à 160 °C. Mixez ensemble l'oignon, l'ail et la coriandre sans trop insister.

3 Ajoutez les pois chiches égouttés, la farine et le cumin en poudre, salez et poivrez, puis mixez encore. Attention n'insistez pas trop, il ne faut pas obtenir une pâte, mais un mélange granuleux où il reste encore des morceaux.

4 Formez une vingtaine de boulettes de 25 g environ chacune.

5 Faites-les frire jusqu'à ce qu'elles soient bien dorées, comptez environ 3 minutes, puis égouttez-les bien sur du papier absorbant.

6 Déposez les falafels dans les assiettes, puis arrosez-les de sauce et dégustez sans attendre !

Vous pouvez aussi
proposer une sauce blanche
avec les falafels !

# Acras de morue

Pour **4 personnes**
Préparation : **15 min**
Cuisson : **20 min**
Repos : **12 min**

450 g de morue congelée et dessalée – 1 bouquet garni – ½ oignon coupé en morceaux – 2 gousses d'ail – 2 ou 3 tiges de persil plat
¼ de cuil. à café de gingembre en poudre – 1 cuil. à café de zeste de citron vert – 1 petit piment coupé en rondelles – 1 œuf
30 g de farine – ½ sachet de levure chimique – sel
huile pour friture – citron vert pour servir

1 Mettez la morue dans une grande casserole d'eau froide, ajoutez le bouquet garni et portez à ébullition. Coupez le feu et laissez reposer une douzaine de minutes.

2 Rincez à l'eau froide, égouttez la morue et séchez-la avec un papier absorbant, puis effeuillez-la en enlevant les arêtes et la peau.

3 Mettez dans le bol d'un blender l'oignon, l'ail, le persil, le gingembre, le zeste de citron vert et le piment, et mixez le tout.

4 Ajoutez la morue et mixez rapidement. Ajoutez la farine, la levure chimique et l'œuf, salez à votre goût et redonnez un dernier coup de blender.

5 Faites chauffer un bain d'huile à 160 °C et avec l'aide de deux cuillères à soupe, faites de jolies quenelles. Tournez-les régulièrement dans l'huile.

6 Égouttez ces acras sur du papier absorbant lorsqu'ils sont bien dorés. Servez-les avec du citron vert.

*Servi avec une sauce « furieuse » aux piments, c'est encore meilleur !*

# Boulettes à la sauce tomate

Pour **4 personnes**
Préparation : **10 min**
Cuisson : **20 min**

125 g de viande hachée de bœuf – 125 g de farce de porc – 1 oignon haché finement – 2 gousses d'ail hachées finement – 3 ou 4 tiges de persil hachées 1 jaune d'œuf – 30 g de chapelure – 1 cuil. à café de paprika – ½ boîte de tomates entières au naturel de 400 g – 1 belle tomate pelée, épépinée et hachée – 2 cuil. à soupe d'olives dénoyautées – 1 cuil. à soupe d'huile d'olive + un peu pour la cuisson des boulettes – sel et poivre

1 Versez l'huile d'olive dans une poêle et faites revenir à feu moyen les oignons et l'ail 3 minutes environ, jusqu'à ce qu'ils deviennent transparents et commencent à se colorer. Ajoutez le persil, mélangez bien et retirez du feu.

2 Versez les deux viandes dans un saladier, ajoutez la moitié du contenu de la poêle, le jaune d'œuf, la chapelure et le paprika. Salez, poivrez et malaxez bien le tout. Faites des boulettes de 30 g environ.

3 Ajoutez la tomate en boîte dans la poêle avec le mélange restant, salez, poivrez et laissez cuire à feu moyen jusqu'à ce que la sauce devienne onctueuse.

4 Faites colorer les boulettes dans une autre poêle avec un peu d'huile, à feu assez vif, de manière à saisir la viande sans qu'elle devienne trop sèche. Ajoutez les boulettes à la sauce quand elles sont bien colorées et que la sauce est onctueuse. Mélangez bien le tout, finissez la cuisson de la viande pendant une dizaine de minutes.

5 Ajoutez enfin la tomate hachée, remuez bien et servez sans attendre en ajoutant les olives et en parsemant éventuellement d'un peu de persil.

Au bout d'une pique
ou sur des petits ronds
de pain, ces boulettes
seront vite dégustées !

# Arancini à la mozzarella

Pour **4 personnes**
Préparation : **20 min**
Cuisson : **25 min**

140 g de riz à risotto – 40 cl de bouillon de légumes – ¼ d'oignon haché finement – 10 g de beurre – 1 pincée de filaments de safran
30 g de parmesan râpé – 35 g de concentré de tomate – 100 g de mozzarella coupée en cubes de 1,5 cm environ – 1 œuf battu – 45 g de chapelure
sel et poivre – huile de friture

1 Faites chauffer le bouillon au four à micro-ondes. Faites revenir l'oignon 2 minutes avec le beurre dans une casserole. Ajoutez le riz et le safran et mélangez pendant 1 minute.

2 Versez le bouillon, salez et poivrez à votre goût, remuez et faites cuire le tout à découvert 18 à 20 minutes, en remuant une ou deux fois, jusqu'à ce que le liquide soit absorbé.

3 Ajoutez le parmesan et le concentré de tomate au risotto et mélangez.

4 Préchauffez la friteuse à 160 °C. Faites des boulettes de riz de 35 g environ.

5 Prenez une boulette de riz dans la main et aplatissez-la. Posez dessus un cube de mozzarella et repliez-la pour fermer. Compressez-la en lui donnant une forme bien ronde. Réservez et recommencez autant de fois que nécessaire.

6 Roulez ensuite ces arancini dans l'œuf battu, puis dans la chapelure. Faites-les frire 5 minutes environ.

Trempées
dans une sauce tomate,
ces boulettes sont
encore meilleures !

# Boulettes farcies aux olives

Pour **4 personnes**
Préparation : **10 min**
Cuisson : **6 à 8 min**

8 olives farcies aux poivrons – 200 g de chair à saucisse – 45 g de chapelure
1 œuf battu – 2 tiges de basilic hachées finement – huile de friture

1 Préchauffez la friteuse à 140 °C. Mélangez le basilic et la farce et faites des boulettes de 40 g environ.

2 Prenez une boulette dans la paume de la main, aplatissez-la avec le dos d'une cuillère et déposez une olive au centre. Refermez la boulette autour de l'olive. Faites de même avec les autres olives.

3 Roulez les boulettes dans l'œuf battu, puis dans la chapelure.

4 Faites-les frire 6 à 8 minutes. Vous pouvez les manger tièdes ou froides.

*Vous pouvez opter pour des olives farcies aux anchois !*

# Mini-tomates farcies

Pour **4 personnes**
Préparation : **10 min**

12 tomates cocktail – 120 g de ricotta – 90 g de thon à l'huile d'olive égoutté
20 feuilles de basilic finement ciselées – 1 pincée de piment d'Espelette
1 cuil. à soupe d'huile d'olive – poivre du moulin

1 Coupez les tomates au niveau du chapeau, videz-les de leur pulpe.

2 Mélangez dans un bol la ricotta, le thon, le basilic, le piment et l'huile d'olive, poivrez.

3 Garnissez généreusement les tomates et recouvrez-les avec les chapeaux.

*Avec ou sans piment,*
*à vous de choisir !*

# Champignons farcis

Pour **4 personnes**
Préparation : **5 min**

8 champignons de Paris – 150 g de fromage de chèvre frais
1 cuil. à soupe de pesto – 1 cuil. à soupe de jus de citron – sel et poivre

1 Enlevez les pieds des champignons, nettoyez bien les chapeaux et arrosez-les de jus de citron.

2 Mélangez le fromage de chèvre, le sel, le poivre et le pesto à la fourchette.

3 Farcissez-en généreusement les chapeaux à l'aide d'une poche à douille ou d'une cuillère.

*Pour changer de saveur, changez d'herbes !*

# Avocats farcis au crabe

Pour **4 personnes**
Préparation : **5 min**

2 avocats coupés en deux et dénoyautés – 1 oignon nouveau grossièrement haché – 90 g de chair de crabe – 60 g de ricotta – 1 cuil. à café de jus de citron + un peu pour les avocats – sel et poivre

1. Mélangez l'oignon nouveau, la chair de crabe, la ricotta et le jus de citron dans un bol. Salez et poivrez.
2. Badigeonnez les avocats de jus de citron.
3. Garnissez-les avec le mélange au crabe.

*Vous pouvez remplacer le crabe par des crevettes hachées très finement !*

# Œufs farcis à l'avocat

Pour **4 personnes**
Préparation : **10 min**

4 œufs durs – 1 petit avocat – 3 tiges de coriandre
1 oignon nouveau coupé en quatre – le jus de ½ citron – sel et poivre

1 Coupez les œufs en deux et prélevez les jaunes.

2 Mixez finement la coriandre et l'oignon nouveau. Ajoutez la chair de l'avocat et le jus de citron et mixez de nouveau.

3 Ajoutez alors les jaunes d'œufs, salez et poivrez, et mixez une dernière fois.

4 Garnissez les blancs d'œufs avec cette crème, si possible à la poche à douille, sinon à la cuillère.

*Essayez aussi le thon à la place de l'avocat !*

# Œufs écossais aux œufs de caille

Pour **4 personnes**
Préparation : **15 min**
Cuisson : **6 à 8 min**

8 œufs de caille – 320 g de chair à saucisse – 45 g de chapelure
1 œuf légèrement battu – 2 tiges d'origan effeuillées – huile de friture

1 Préchauffez la friteuse à 140 °C. Faites cuire les œufs de caille 5 minutes dans une casserole d'eau bouillante. Passez-les sous l'eau froide pour les refroidir et écalez-les.

2 Mélangez l'origan avec la chair à saucisse. Faites des boulettes de farce de 40 g.

3 Prenez une boulette dans la paume de votre main, aplatissez-la avec le dos d'une cuillère et déposez un œuf au centre. Refermez la boulette.

4 Roulez les boulettes dans l'œuf battu, puis dans la chapelure.

5 Faites-les frire 6 à 8 minutes. Vous pouvez les manger tièdes ou froids.

Si vous voulez des œufs
beaucoup plus gros, faites de même
avec des œufs de poule !

# Verrines d'avocat et truite fumée

Pour **4 personnes**
Préparation : **10 min**

1 avocat – 4 tiges de coriandre – 1 oignon nouveau – 1 cuil. à soupe de jus de citron – 80 g de truite fumée coupée en tout petits cubes

1 Mixez finement la chair de l'avocat, la coriandre, l'oignon et le jus de citron.

2 Répartissez le mélange dans les verrines.

3 Couvrez des petits cubes de truite fumée et parsemez éventuellement de quelques rondelles d'oignon nouveau.

*Truite ou saumon, à vous de choisir votre poisson fumé !*

# Tartare de canard

Pour **4 personnes**
Préparation : **15 min**

220 g de magret de canard haché (de préférence au couteau)
4 cornichons hachés – 1 cuil. à soupe de câpres hachés – 1 oignon nouveau haché finement – 1 cuil. à soupe de cerfeuil (ou de persil) – 1 cuil. à café de moutarde – 1 cuil. à café de sauce Worcestershire – 1 cuil. à soupe d'huile d'olive – 4 jaunes d'œufs de caille – sel et poivre

1 Mélangez tous les ingrédients, sauf la viande et les œufs, et réservez une moitié de ce mélange.

2 Versez l'autre moitié sur la viande et mélangez.

3 Remplissez à moitié quatre verrines de la préparation viande-hachis.

4 Ajoutez le hachis réservé par-dessus, puis déposez un jaune d'œuf cru sur chaque verrine.

Selon votre goût,
augmentez ou diminuez
la dose de piment !

# Tartare de saumon

Pour **4 personnes**
Préparation : **15 min**

240 g de saumon coupé en tout petits cubes – 4 cuil. à soupe de betterave coupée en tout petits cubes – 4 cuil. à soupe de pomme verte coupée en tout petits cubes – 1 cuil. à soupe de jus de citron vert – 4 brins de ciboulette hachés – 1 cuil. à café d'huile d'olive – zeste de citron râpé finement

1 Mélangez dans un bol la pomme, le jus de citron, l'huile d'olive et la ciboulette.

2 Mettez dans les verrines une couche de saumon, une de betterave, une autre de saumon, une de pomme et une dernière de saumon.

3 Finissez en ajoutant du zeste de citron et de la ciboulette.

*Variez les tartares, testez cette recette avec du cabillaud !*

# Verrines ricotta-pesto

Pour **4 personnes**
Préparation : **15 min**

200 g de ricotta – 1 cuil. à café de pesto – 180 g de tomates cerises coupées en petits morceaux – 4 cuil. à soupe de tomates séchées hachées finement quelques petites feuilles de basilic hachées

1 Mélangez la moitié de la ricotta avec le pesto. Répartissez-la dans les verrines.

2 Mélangez les tomates cerises et les tomates séchées et répartissez dans les verrines.

3 Ajoutez la ricotta restante, puis les feuilles de basilic.

*Avec du mascarpone fouetté, c'est délicieux aussi !*

# Œufs cocotte bleu et lardons

Pour **4 personnes**
Préparation : **10 min**
Cuisson : **10 à 13 min**

4 œufs – 180 g de crème fraîche épaisse – 90 g de lardons fumés en allumettes – 45 g de bleu – ½ cuil. à café de romarin – poivre du moulin

1 Faites revenir les lardons à la poêle, à feu vif, 2 à 3 minutes.

2 Mélangez la crème, le bleu, le romarin et les lardons, poivrez.

3 Versez la crème dans des petits ramequins, ajoutez les œufs et couvrez d'un film alimentaire.

4 Faites cuire au bain-marie 8 à 10 minutes.

*Pour un peu plus de piquant, remplacez le bleu par du roquefort !*

# Verrines poire, roquefort et noix

Pour **4 personnes**
Préparation : **10 min**
Cuisson : **5 min**
Repos : **5 min**

2 poires épluchées et coupées en petits dés – 60 g de roquefort
6 noix hachées – 2 cuil. à soupe de sucre – 15 cl de crème liquide entière

1 Dans une casserole, faites cuire à feu assez vif 15 cl d'eau, le sucre et les poires pendant 5 minutes environ, jusqu'à ce que l'eau se soit transformée en sirop. Laissez refroidir.

2 Fouettez la crème bien froide en chantilly. Incorporez délicatement le roquefort.

3 Répartissez les poires dans les verrines. Ajoutez par-dessus les noix, puis la chantilly au roquefort.

4 Finissez en ajoutant éventuellement un tout petit peu de noix hachée.

*Essayez les pommes
à la place des poires !*

# Verrines lentilles corail et crevettes

Pour **4 personnes**
Préparation : **10 min**
Cuisson : **15 min**
Repos : **10 min**

100 g de lentilles corail – 1 carotte épluchée et coupée en petits cubes
¼ de cuil. à café de curry en poudre – 8 crevettes roses cuites décortiquées
10 cl de crème de coco – sel et poivre

1 Faites cuire la carotte et les lentilles une quinzaine de minutes dans une casserole d'eau bouillante.

2 Égouttez. Salez et poivrez, ajoutez le curry et mixez le tout finement au mixeur plongeant. Laissez refroidir.

3 Coupez les crevettes en petits morceaux.

4 Répartissez la crème de lentilles dans les verrines, puis la crème de coco, posez les crevettes par-dessus et terminez par une pointe de crème.

Pour changer, remplacez les crevettes
par du haddock cuit effiloché !

# Verrines d'été à l'italienne

Pour **4 personnes**
Préparation : **10 min**
Cuisson : **1 min**

2 petites tomates coupées en dés – 120 g de courgettes coupées en dés
20 cl de crème liquide – 20 g de pignons de pin hachés – 12 feuilles de basilic hachées finement – 4 cuil. à soupe de parmesan râpé finement
2 cuil. à soupe d'huile d'olive – sel et poivre

1 Mélangez dans un bol les tomates, le basilic, 1 cuillerée à soupe d'huile d'olive, salez et poivrez.

2 Répartissez ce mélange dans les verrines.

3 Mettez les courgettes dans un bol, recouvrez-les d'eau bouillante et laissez les tremper pendant 1 minute.

4 Égouttez-les et mélangez-les avec la moitié des pignons, l'huile d'olive restante, salez et poivrez.

5 Répartissez-les dans les verrines par-dessus les tomates.

6 Fouettez la crème bien froide en chantilly et ajoutez délicatement le parmesan.

7 Répartissez la crème dans les verrines. Parsemez la moitié restante des pignons et terminez en arrosant d'un filet d'huile d'olive.

Donnez un coup de fraîcheur en ajoutant
un trait de citron vert aux courgettes !

# Mesures utiles

1 noisette de beurre = 4 grammes

1 noix de beurre = 15 grammes

1 cuillère à soupe

= 15 grammes de sucre, sel ou beurre

= 12 grammes de farine ou semoule

= 1,5 cl de liquide

= 3 cuillères à café

1 cuillère à café

= 5 grammes de sel, sucre ou beurre

= 5 ml d'huile ou crème fraîche

= 0,5 cl de liquide

= 4 grammes de farine ou semoule

1 pincée de sel = 0,3 à 0,5 gramme

1 morceau de sucre = 5 grammes

## Économat

*Dans le placard*

**Œufs**

**Sels** (sel fin, gros sel, fleur de sel, sels aromatisés) et poivres (noir ou exotique)

**Huiles de goût neutre** (maïs, tournesol, colza) ou parfumées (olive, noix...)

**Vinaigres** (blanc, rouge, balsamique, de xérès, de cidre...)

**Lait** (entier, allégé ou écrémé)

**Crème liquide**

**Sucres** (sucre semoule blanc ou roux, sucre glace)

**Sauces asiatiques** (soja, hoisin, teriyaki...)

**Farine**

**Levure chimique**

**Cacao en poudre**

**Plaquettes de chocolat**

**Aides culinaires :** bouillons et courts-bouillons déshydratés en cubes et en tablettes, gelée alimentaire en feuilles ou en poudre, fonds de veau ou de volaille, Maïzena®

**Vanille** (extrait ou gousse)

**Riz, pâtes, semoules et céréales**

**Herbes**

**Épices**

**Fruits secs**

**Graines** (sésame, lin, tournesol...)

**Tomates en conserve**

**Ail, échalote, oignons et pommes de terre**

## Température du four

| Thermostat | Température approximative |
|---|---|
| 1 | 30 °C (à peine tiède) |
| 2 | 60 °C (tiède) |
| 3 | 90 °C (chaleur très douce) |
| 4 | 120 °C (chaleur douce) |
| 5 | 150 °C (chaleur modérée) |
| 6 | 180 °C (chaleur moyenne) |
| 7 | 210 °C (assez chaud) |
| 8 | 240 °C (chaud) |
| 9 | 270 °C (très chaud) |
| 10 | 300 °C (chaleur vive) |

*Dans le réfrigérateur*

**Beurre**

**Pâtes prêtes à l'emploi**

**Moutardes**

**Herbes fraîches**

**Gruyère et parmesan râpé**

*Dans le congélateur*

**Herbes**

**Plats cuisinés**

**Légumes**

# Table des recettes


## Bouchées & roulés

Involtini de courgettes au chèvre, 6
Roulés jambon, Vache qui rit® et mâche, 8
Roulés au saumon, 10
Roulés feta, basilic et tomates séchées, 12
Roulés de chorizo, ricotta, roquette et basilic, 14
Roulés à la tapenade, 16
Palmiers à la tomate, 18
Feuilletés à la saucisse, 20
Petits feuilletés aux champignons, 22
Mini-gougères parmesan-amandes, 24
Mini-gougères gruyère et herbes de Provence, 26
Makis cornichon, avocat et concombre, 28
Makis au saumon, 30
Tempura de crevettes, 32

## Tartes, quiches & petits-pains

Bâtonnets feuilletés comté-carvi, 60
Tortillons feuilletés sésame-pavot, 62
Focaccia, 48
Mini-pizzas jambon-artichaut, 50
Fougasse oignons-lardons, 52
Fougasse chorizo, tomates séchées et basilic, 54
Mini-calzones, 56
Petits croissants à la mexicaine, 58
Tartelettes à la tomate, 34
Tarte soleil, 38
Mini-quiches aux lardons, 40
Mini-flammekueches, 46
Mini-quiches au chèvre, 42
Mini-quiches au brocoli, 44
Mini-tartes à l'oignon, 36

## Tartines & tartinades

Rillettes de thon, 64
Guacamole, 66
Houmous, 68
Caviar d'aubergines, 70
Tartinade poivron-feta, 72
Tapenade noire, 74
Cervelle de canut au chèvre frais, 76
Tartinade de sardines, 78
Foie gras au pain d'épice, 80
Mini-blinis à la crème de saumon fumé, 82
Mini-blinis à la crème d'avocat, 84

## Tapas & antipasti

Tortilla, 86
Patatas bravas, 88
Pan con tomate, 90
Friture d'éperlans, 92
Gaspacho, 94
Calamars à la romaine, 96
Bruschettas tomate-mozzarella-parmesan, 98
Crostinis ricotta, figue et miel, 100
Caponata, 102
Poivrons marinés, 104
Ailerons de poulet croustillants, 106

Ailerons de poulet au lard, 108
Calamars sautés au beurre pimenté, 110

## Cakes & petits gâteaux

Cookies au chèvre et thym, 112
Biscuits amande-parmesan, 114
Cannelés basilic et olives, 116
Cannelés chorizo-tomates séchées, 122
Mini-clafoutis aux tomates cerises, 120
Muffins courgette-poivron, 124
Muffins pignons et herbes, 130
Madeleines au parmesan et aux herbes, 118
Madeleines comté-cumin, 126
Madeleines saumon-aneth, 132
Cake jambon-feta-basilic, 128
Cake roquefort-lardons-olives, 134

## Brochettes, boulettes & farcis

Brochettes d'ananas et poisson mariné, 136
Brochettes raisin, emmental et cumin, 138
Brochettes d'agneau aux fruits secs, 140
Brochettes de saint-jacques et poitrine fumée, 142
Brochettes de poulet yakitori, 144
Brochettes de pastèque et melon anisés, 146
Boulettes au fromage, 148
Falafels, 150
Acras de morue, 152
Boulettes à la sauce tomate, 154
Arancini à la mozzarella, 156
Boulettes farcies aux olives, 158
Mini-tomates farcies, 160
Champignons farcis, 162
Avocats farcis au crabe, 164
Œufs farcis à l'avocat, 166
Œufs écossais aux œufs de caille, 168

## Verrines

Verrines d'avocat et truite fumée, 170
Tartare de canard, 172
Tartare de saumon, 174
Verrines ricotta-pesto, 176
Œufs cocotte bleu et lardons, 178
Verrines poire, roquefort et noix, 180
Verrines lentilles corail et crevettes, 182
Verrines d'été à l'italienne, 184

# Index

**A**cras de morue, 152
Ailerons de poulet au lard, 108
Ailerons de poulet croustillants, 106
Arancini à la mozzarella, 156
Avocats farcis au crabe, 164
**B**âtonnets feuilletés comté-carvi, 60
Biscuits amande-parmesan, 114
Boulettes à la sauce tomate, 154
Boulettes au fromage, 148
Boulettes farcies aux olives, 158
Brochettes d'agneau aux fruits secs, 140
Brochettes d'ananas et poisson mariné, 136
Brochettes de pastèque et melon anisés, 146
Brochettes de poulet yakitori, 144
Brochettes de saint-jacques et poitrine fumée, 142
Brochettes raisin, emmental et cumin, 138
Bruschettas tomate mozzarella parmesan, 98
**C**ake jambon-feta-basilic, 128
Cake roquefort-lardons-olives, 134
Calamars à la romaine, 96
Calamars sautés au beurre pimenté, 110
Cannelés basilic et olives, 118
Cannelés chorizo-tomates séchées, 122
Caponata, 102
Caviar d'aubergines, 70
Cervelle de canut au chèvre frais, 76
Champignons farcis, 162
Cookies au chèvre et thym, 112
Crostinis ricotta, figue et miel, 100
**F**alafels, 150
Feuilletés à la saucisse, 20
Focaccia, 48
Foie gras au pain d'épice, 80
Fougasse chorizo, tomates séchées et basilic, 54
Fougasse oignons-lardons, 52
Friture d'éperlans, 92
**G**aspacho, 94
Guacamole, 66
**H**oumous, 68
**I**nvoltini de courgettes au chèvre, 6
**M**adeleines au parmesan et aux herbes, 118
Madeleines comté-cumin, 126
Madeleines saumon-aneth, 132
Makis au saumon, 30
Makis cornichon, avocat et concombre, 28
Mini-blinis à la crème d'avocat, 84
Mini-blinis à la crème de saumon fumé, 82
Mini-calzones, 56
Mini-clafoutis aux tomates cerises, 120

Mini-flammekueches, 46
Mini-gougères gruyère et herbes de Provence, 26
Mini-gougères parmesan-amandes, 24
Mini-pizzas jambon-artichaut, 50
Mini-quiches au brocoli, 44
Mini-quiches au chèvre, 42
Mini-quiches aux lardons, 40
Mini-tartes à l'oignon, 36
Mini-tomates farcies, 160
Muffins courgette-poivron, 124
Muffins pignons et herbes, 130
**Œ**ufs cocotte bleu et lardons, 178
Œufs écossais aux œufs de caille, 168
Œufs farcis à l'avocat, 166
**P**almiers à la tomate, 18
Pan con tomate, 90
Patatas bravas, 88
Petits croissants à la mexicaine, 58
Petits feuilletés aux champignons, 22
Poivrons marinés, 104
**R**illettes de thon, 64
Roulés à la tapenade, 16
Roulés au saumon, 10
Roulés de chorizo, ricotta, roquette et basilic, 14
Roulés feta, basilic et tomates séchées, 12
Roulés jambon, Vache qui rit® et mâche, 8
**T**apenade noire, 74
Tartare de canard, 172
Tartare de saumon, 174
Tartelettes à la tomate, 34
Tarte soleil, 38
Tartinade de sardines, 78
Tartinade poivron-feta, 72
Tempura de crevettes, 32
Tortilla, 86
Tortillons feuilletés sésame-pavot, 62
**V**errines d'avocat et truite fumée, 170
Verrines d'été à l'italienne, 184
Verrines lentilles corail et crevettes, 182
Verrines poire, roquefort et noix, 180
Verrines ricotta-pesto, 176

Photographies et stylisme : Dorian Nieto
Retrouvez Dorian sur :
doriancuisine.com ou facebook.com/dorian.nieto

Direction éditoriale : Didier Férat
Édition : Diane Monserat
Graphisme : Julia Philipps
Mise en page et photogravure : Nord Compo
Fabrication : Laurence Duboscq



ISBN : 978-2-263-18269-3
Code éditeur : L18269
Dépôt légal : janvier 2023
Imprimé en Espagne par Egedsa

#lisez engagé !
www.lisez.com
Pour plus d'information :
Imprimé sur du papier issu de forêts gérées durablement.